AF389111

VENTE DU VENDREDI 14 FÉVRIER 1890

HOTEL DROUOT, SALLE Nº 1, A 2 HEURES 1/2

TABLEAUX

MODERNES

AQUARELLES ET DESSINS

EXPOSITION PUBLIQUE

LE JEUDI 13 FÉVRIER 1890

De une heure à cinq heures et demie.

COMMISSAIRE-PRISEUR	EXPERT
Mᵉ **Paul CHEVALLIER**	M. **Eug. FÉRAL**, peintre
10, rue de la Grange-Batelière.	rue du Faub.-Montmartre, 54.

IMPRIMERIE D. DUMOULIN ET Cie

Rue des Grands-Augustins, 5, à Paris.

CATALOGUE

DE

TABLEAUX MODERNES

PAR

J. BAIL, BOUDIN, BOULARD, BUTTURA, CHAIGNEAU
CORMON, COROT, DAUBIGNY, DE COCK
DE DREUX, DIAQUÉ, DUPRAY, GOENEUTTE, LÉPINE
Mme MURATON, VAUQUELIN, ETC., ETC.

AQUARELLES ET DESSINS

PAR

BEAUMONT, BONNAT, DE PENNE, HAWKINS, MILLET
RICHOMME, VOILLEMOT, ETC.

DONT LA VENTE AURA LIEU

HOTEL DROUOT, SALLE N° 1

Le Vendredi 14 Février 1890, à 2 h. et demie

COMMISSAIRE-PRISEUR	EXPERT
Me PAUL CHEVALLIER	M. EUG. FÉRAL, peintre
10, rue de la Grange-Batelière.	rue du faubourg Montmartre, 54

Chez lesquels se trouve le présent Catalogue.

EXPOSITION PUBLIQUE : le Jeudi 13 Février 1890

De une heure à cinq heures et demie.

CONDITIONS DE LA VENTE

La vente sera faite au comptant.

Les acquéreurs payeront cinq pour cent en sus des en-

chères.

DÉSIGNATION

TABLEAUX MODERNES

ATALAYA

1 — *Une représentation au Cirque d'Hiver.*

Bois. Haut., 16 cent.; larg., 38 cent.

BAIL (JOSEPH)

2 — *Les Cuisiniers.*

Toile. Haut., 1 m.; larg., 80 cent.

BAIL (J.)

3 — *Petit paysan nettoyant des ustensiles de cuivre.*

Toile. Haut., 54 cent.; larg., 45 cent.

BAIL (J.)

4 — *Un Citron, des Huîtres et un pot de terre.*

Toile. Haut., 3o cent.; larg., 40 cent.

BLIGNY

5 — *Les Manœuvres sur l'Esplanade des Invalides.*

Toile. Haut., 37 cent.; larg., 44 cent.

BOUDIN

6 — *La Plage de Trouville.*

Toile. Haut., 44 cent.; larg., 72 cent.

BOULARD

7 — *Ménagère assise devant une cheminée.*

Toile. Haut., 36 cent., larg., 26 cent.

BRILLOUIN (G.)

8 — *Le Message suspect.*

Bois. Haut., 21 cent.; larg., 16 cent.

BUTTURA (E.)

9 — *Chemin dans les rochers.*

Site d'Italie.

Toile. Haut., 32 cent.; larg.. 24 cent.

CHAIGNEAU (F.)

10 — *Moutons dans les rochers.*

Forêt de Fontainebleau.

Bois. Haut., 40 cent.; larg., 3? cent.

CHAIGNEAU (F.)

11 — *L'Abreuvoir.*

Bois. Haut., 38 cent.; larg., 46 cent.

CHAIGNEAU (F.)

12 — *Retour du troupeau, après l'orage.*

Bois. Haut., 38 cent.; larg., 46 cent.

CORMON (F.)

13 — *Chinoiseries.*

Toile. Haut., 32 cent.; larg., 40 cent.

COROT

14 — *Paysage boisé et marécageux.*

> Toile. Haut., 41 cent.; larg., 27 cent.

DAUBIGNY

15 — *Un coin de l'Église de Triel.*

> Bois. Haut., 40 cent. ; larg., 26 cent.

DE COCK (César)

16 — *Ferme en Normandie.*

> Toile. Haut., 80 cent.; larg., 1 m. 20 cent.

DE DREUX (Alf.)

17 — *Lévrier et jeune fille.*

> Toile. Haut., 68 cent.; larg., 53 cent.

DESHAYS (Eug.)

18 — *Port de mer.*

> Bois. Haut., 20 cent.; larg., 15 cent.

DIAQUÉ (R.-C.)

19 — *La Basse-cour.*

> Bois. Haut., 34 cent.; larg., 26 cent.

DIAQUÉ (R.-C.)

20 — *La Fontaine.*

> Bois. Haut., 24 cent.; larg., 19 cent.

DIAQUÉ (R.-C.)

21 — *La Mare aux Canards.*

> Bois. Haut., 21 cent.; larg., 16 cent.

DIAQUÉ (R.-C.)

22 — *Les Scieurs de long.*

> Bois. Haut., 20 cent.; larg., 12 cent.

DIAQUÉ (R.-C.)

23 — *Le Chemin du Marché.*

> Bois. Haut., 15 cent.; larg., 9 cent.

DIAQUÉ (R.-C.)

24 — *Les Bûcherons.*

Bois. Haut., 15 cent.: larg., 9 cent.

DUPRAY

24 bis — *Six Panneaux.*

Compositions pour le Panorama de la défense de Lyon, en 1793.

GOENEUTTE (Norbert)

25 — *Un Jour de Fête.*

Bois. Haut., 32 cent.; larg., 41 cent.

GOUPIL (Jules)

26 — *L'Heure du Rendez-vous.*

Toile. Haut., 64 cent.; larg., 54 cent.

KEYMEULEN (E.-M.)

27 — *Soleil levant, dans les Ardennes.*

Toile. Haut., 70 cent.; larg., 1 m. 20 cent.

KUYTENBROOWER (Martinus)

28 — *Tête de Chien.*

Étude.

Toile. Haut., 45 cent.; larg., 38 cent.

LAMBINET (Émile)

29 — *Pivoines, Boules de neige et Fleurs des champs.*

Toile ovale. Haut., 92 cent.; larg., 74 cent.

LEPINE (S.)

30 — *La Station des omnibus sur la place Saint-Germain-l'Auxerrois.*

Bois. Haut., 23 cent.; larg., 16 cent.

MOORMANS (Franz)

31 — *Le Chanteur florentin.*

Toile. Haut., 23 cent.; larg., 35 cent.

MURATON (Mme Euphémie)

32 — *Laurier blanc et fleurs de Grenadier, dans un verre.*

Toile. Haut., 34 cent.; larg., 24 cent.

NOTERMAN

33 — *Tête de Chien.*

Étude.

Toile. Haut., 44 cent, larg., 54 cent.

PROTAIS (Alexandre)

34 — *Les Joueurs de boule.*

Bois. Haut., 15 cent.; larg., 25 cent.

ROYBET (F.)

35 — *Pêche et Raisin noir.*

Bois. Haut., 22 cent.; larg., 15 cent.

VAUQUELIN (René)

36 — *La Fille du passeur.*

Toile. Haut.,   cent.; larg.,   cent.

VAUQUELIN (R.)

37 — *La Pêche à la ligne.*

Toile. Haut.,   cent.; larg.,   cent.

VAUQUELIN (R.)

38 — *Intérieur d'atelier.*

Toile. Haut.,   cent.; larg.,   cent.

VAUQUELIN (R.)

39 — *L'Indiscrète.*

Toile. Haut..   cent.; larg.,   cent.

VAUQUELIN (R.)

40 — *Paysanne.*

Toile. Haut.,   cent.; larg.,   cent.

VAUQUELIN (R.)

41 — *L'Histoire du Grand-Père.*

Toile. Haut.,   cent.; larg.,   cent.

AQUARELLES ET DESSINS

ALLONGÉ

42 — *La Seine, près l'île Saint-Ouen.*

Crayon noir.

Haut., 16 cent.; larg., 29 cent.

BEAUMONT (ED. DE)

43 — *Chasseur diligent, quelle ardeur te dévore, etc.*

Aquarelle.

Haut., 28 cent.; larg., 20 cent.

BELLEL

44 — *Fontaine à l'entrée d'une ville arabe.*

Aquarelle.

Haut., 17 cent.; larg., 26 cent.

BONNAT (L.)

45 — *Job.*

Dessin au crayon noir.

Haut., 43 cent.; larg., 35 cent.

PENNE (De)

46 — *Un Relais de chasse.*

Dessin à la plume.

Haut., 23 cent.; larg., 19 cent.

GAUTIER (Arm.)

47 — *Environs de Menton.*

Aquarelle.

Haut., 19 cent.; larg., 26 cent.

HAWKINS

48 — *Le Retour à la ferme.*

Aquarelle.

Haut., 42 cent.; larg.. 54 cent.

JAPY

49 — *Les Bords de la Seine.*

Aquarelle.

Haut., 27 cent.; larg., 43 cent.

MARIE (ADRIEN)

50 — *En Wagon.*

Crayon noir.

Haut., 36 cent.; larg., 3o cent.

MILLET (F.)

51 — *Les Vanneuses.*

Crayon noir.

Haut., 15 cent.; larg., 15 cent.

MILLET (F.)

52 — *Moissonneurs.*

Plusieurs études au crayon noir.

Haut., 19 cent.; larg., 3o cent.

NAUTRÉ (Mlle ANDRÉ.)

53 — *La rue des Gardes, au Bas-Meudon.*

Aquarelle.

Haut., 25 cent., larg., 18 cent.

NAUTRÉ (Mlle ANDRÉ)

54 — *Deux vues prises à Villerville.*

Aquarelle.

Haut., 17 cent.; larg., 25 cent.

RICHOMME

55 — *La Fontaine.*

Aquarelle.

Haut., 31 cent., larg., 22 cent.

RICHOMME

56 — *La Frileuse.*

Aquarelle.

Haut., 23 cent.; larg., 17 cent.

ROCHEGROSSE

57 — *La Marguerite effeuillée.*

Dessin à la plume.

Haut.,   cent.; larg.,   cent.

ROYBET

58 — *Charles VI, dans la forêt du Mans.*

Crayon noir.

Haut., 37 cent.; larg., 31 cent.

VOILLEMOT

59 — *Coquetterie.*

Très belle aquarelle.

Haut., 75 cent.; larg., 55 cent.

60 — *Sous ce numéro, quelques tableaux et des-*
sins non catalogués.